AF230201

DE

L'ATTENTAT

DIPLOMATIQUE

DE CRACOVIE

ET DE

SES CONSÉQUENCES EN EUROPE

PARIS

LIBRAIRIE D'AMYOT, ÉDITEUR

6, RUE DE LA PAIX

—

1847

AU LECTEUR.

Il est très-difficile aujourd'hui de se faire écouter, et encore plus de se faire lire, dès qu'on ne présente pas au public un nom déjà connu, ou bien un scandale encore ignoré. N'ayant pas l'un, n'apportant pas l'autre, nous préférons garder l'anonyme; et, pour ne pas effrayer le lecteur, nous sommes bref, quoique le sujet que nous présentons soit bien fécond.

Appartenant à cette génération d'hommes et d'idées qui entre aujourd'hui dans la vie des affaires et nous intéressant à l'avenir comme à un héritage qui nous revient naturellement, nous croyons de notre devoir d'exprimer clairement notre pensée sur l'affaire de Cracovie. Cette question est grave par les conséquences qu'elle contient en germe; et cela suffit pour qu'elle attire toute notre attention. En effet, suivant qu'elle aura été bien ou mal résolue, elle rendra notre tâche plus facile, ou nous imposera des devoirs plus pesants.

En exprimant notre pensée avec franchise, en demandant, dans la conduite des affaires de notre pays, de la fermeté, nous le faisons dans un esprit d'ordre, de pàix et de conservation, afin d'épargner à notre patrie un jour les cruelles épreuves de quelque grand conflit européen.

Animé par ces sentiments, nous espérons dans l'avenir; nous l'attendons sans crainte comme sans impatience. Et lorsque le moment sera venu, d'agir, pour ceux de notre génération dévoués au pays, à la constitution et à la dynastie, qui représentent l'un et l'autre, s'il nous est donné d'agir, nous commanderons avec conscience, ou nous saurons obéir avec confiance.

DE

L'ATTENTAT

DIPLOMATIQUE

DE CRACOVIE

ET DE

SES CONSÉQUENCES EN EUROPE.

CHAPITRE PREMIER.

LE DROIT EUROPÉEN ET LES TROIS CABINETS DU NORD.

La diversité des principes de croyance et des opinions de parti produit d'ordinaire en France une diversité de points de vue dans des questions où l'uniformité des sentiments serait pourtant nécessaire.

Toutefois, il faut l'avouer et le dire le plus haut possible pour qu'on le sache bien au dehors, cette division a presque disparu dans les récentes discussions soulevées par l'affaire de Cracovie. Le sentiment politique produit par l'acte des cabinets

1

du Nord a été le même sur tous les esprits : il n'y a eu qu'une voix pour déclarer que l'atteinte la plus grave a été portée au droit public de l'Europe et aux droits spéciaux de la Pologne.

C'est sur ce terrain que la question doit rester posée; et l'on n'en trouvera point un autre plus élevé et plus digne d'elle.

C'est aussi de ce point de vue, commun à toutes les opinions, qu'il importe d'envisager la situation pour la bien comprendre.

Quel est le caractère et la raison de l'acte des trois cabinets, comment y répondre, et quels en peuvent être les effets généraux ou particuliers dans l'Europe occidentale et en Orient? telles sont les questions qu'il convient d'aborder en ne s'écartant point de cette idée de droit, qui réunit tous les partis dans la même pensée.

Un mot, d'abord, sur les précédents et les traditions de la question.

Le droit public de l'Europe d'à présent n'est point une œuvre parfaite; c'est un malheureux héritage du passé. Le droit intérieur de plusieurs États s'est transformé depuis un demi-siècle, sans que le droit international fît aucun progrès. En le considérant antérieurement à la révolution française, on le trouve basé exclusivement sur la conquête et sur des traités imposés par la force, exprimant toujours le résultat des déplacements de puissance, et marquant les limites des États là seulement où s'arrêtait leur épée. Il est vrai, la conquête elle-même, pour être juste aux yeux des publicistes, devait s'autoriser d'un droit violé ou menacé, ou d'une contestation d'intérêt plus ou moins plausible, et les traités une fois conclus avaient force de loi. Avec un peu de l'esprit moderne, on trouverait, sans aucun doute, que c'était là pour le droit des gens un fondement assez étroit. Mais, plût à Dieu que cette base, déjà si faible, n'eût pas été elle-même renversée ! En effet, quelques années avant la fin du même siècle, elle reçut de funestes atteintes. Tout le code du droit des gens fut profondément altéré par un acte injustifiable de destruction et de confusion : *le démembrement de la Pologne*. Trois grandes puissances du Nord s'imaginèrent d'introduire, dans les usages internationaux, le droit, jusque-là inconnu, d'anéantir une nation sans avoir été provoquées, sans raison, sans combat, sans gloire. Elles firent mieux encore : elles n'avaient soustrait d'abord qu'une partie de son territoire, en jurant de respecter l'autre ; elles déchirèrent bientôt leurs propres engagements, consommèrent un nouveau partage, puis reprirent de nouveaux engagements, pour les violer encore une fois par un dernier partage et achever la victime. Cela n'était pas même de la conquête, pas même du vieux droit des gens ; il faut bien le dire, c'était purement et simplement de la piraterie.

Des événements qui remuent le monde ne sauraient rester sans influence ; ils agissent en bien ou en mal sur tous les esprits. L'effet du démembrement de la Pologne fut de corrompre les anciennes et déjà si faibles notions du droit des gens ; car il ne se rencontra alors ni un gouvernement, ni un homme pour les purifier soit par un acte, soit par des protestations, et pour relever par là l'opinion profondément déprimée.

C'est sous l'inspiration de ces vieilles notions de droit altérées et dénaturées ainsi que l'on nous a dicté ces désastreux traités de Vienne qui pèsent si lourdement sur nous, depuis trente ans passés. C'est avec ce mélange de principes anciens de conquête et de principes nouveaux de désorganisation, que l'on a constitué l'Europe en 1815. Aussi, de l'avis de chacun, est-ce un vrai chef-d'œuvre d'injustice et de désordre. Eh bien ! cela n'a pas suffi à ceux qui avaient tiré si bon profit de cet abaissement de la justice internationale et de la faiblesse momentanée de la France. Une clause de ces traités y maintenait l'ombre du droit de la Pologne ; il a fallu que cette clause disparût pour leur convenance et pour l'achèvement de leur triomphe.

Évidemment, cette grande iniquité est la substitution de l'arbitraire et de la violence à l'état des choses déjà si peu légitime que les traités de 1815 avaient créé. Et si l'acte des trois puissances du Nord restait sans protestation, sans opposition suffisante, ce serait en Europe la ruine de toute loi internationale ; le droit public aurait été véritablement enseveli dans le tombeau de la Pologne.

Aussi, est-ce dans son respect du droit que la France doit se sentir blessée ; c'est au nom du droit que l'opinion doit se soulever d'un bout de l'Europe à l'autre, et, avant d'être une question d'intérêt pour personne, cette question doit être une question du droit pour tout le monde. Faire revivre le sentiment du droit, en rétablir l'autorité dans les rapports des peuples, et, s'il se pouvait, à la place des vieilles notions en hasarder de nouvelles, voilà l'œuvre qui convient à ceux qui ont charge d'enseigner et de diriger l'opinion, surtout à ceux qui ont le pouvoir; car ce sont les actes des gouvernements qui font la conscience des peuples.

L'émotion saine et juste que l'attentat de Cracovie a causée en France, donne lieu d'espérer que la question prendra ce caractère.

Assurément, les trois cabinets ne s'y attendaient point; ils comptaient plutôt sur un résultat tout contraire.

En effet, ou leur conduite n'a point de sens, et ce n'est qu'un caprice inexplicable; ou elle n'a eu pour objet que de pervertir davantage les notions du droit public en Europe, afin d'en tirer de nouveaux et d'illégitimes profits.

On est forcé d'adopter cette dernière interprétation de leur conduite, non-seulement parce que l'on n'en conçoit point d'autre, mais parce que dans cette affaire la ruine du droit est la condition et le moyen du succès.

Toutefois, il importe d'établir une distinction entre les trois cabinets qui ont accompli ensemble la suppression de Cracovie. La Prusse, l'Autriche, la Russie n'y ont pas concouru avec les mêmes intentions, et bien qu'elles en acceptent également la responsabilité, elles n'y ont pas pris une part égale. Mais, pour qui connaît les vues de la Russie, ses moyens d'action, ses procédés ordinaires, la nature de ses rapports avec la Prusse et l'Autriche, les choses s'expliquent d'elles-mêmes.

Sans conteste, l'affaiblissement de l'idée de droit, en Europe, a fait plus jusqu'ici pour la Russie que ses propres victoires ; et c'est de là qu'elle attend le succès de son ambition, bien plus que de son épée. C'est par là qu'elle a parfait la ruine de la Pologne, et commencé celle de l'empire Ottoman. Aujourd'hui la Turquie n'a pas d'autres citadelles, pas d'autre bouclier que le droit international. Encore faut-il noter que les traités imposés à la Porte ont considérablement restreint son droit naturel ; que la Russie s'est d'abord arrogé la garantie de ces traités en ce qui touche aux trois principautés du Danube, et qu'enfin par une interprétation machiavélique, elle a transformé la garantie légale en protectorat réel. Que le droit de protectorat s'obscurcisse, se dénature par suite de l'absorption de Cracovie, et la Russie possédera bientôt la moitié de la Turquie d'Europe.

A la vérité, la Prusse et l'Autriche n'ont pas absolument le même intérêt de conquête, la première surtout ; cependant par les efforts que fait la Prusse pour s'agrandir sur l'Elbe et reculer ses frontières jusqu'à la mer du Nord, par les tentatives que se permet de son côté l'Autriche pour se ménager la partie occidentale de l'empire Ottoman dans le cas d'une catastrophe, par cette considération et par beaucoup d'autres, il serait facile de prouver que la Prusse et surtout l'Autriche tiennent peu à ce que le droit s'affermisse et se reconstitue en Europe. Et n'eussent-elles en cette grande affaire de démoralisation européenne aucun intérêt particulier et immédiat, le lien de dépendance, cette solidarité malheureuse du démembrement de la Pologne qui les attache l'une et l'autre à la Russie, eût suffi pour les associer étroitement à ses projets sur l'Orient.

Assurément la destinée de la Prusse n'est pas enchaînée à tout jamais à celle de la Russie, et il pourrait arriver tel grand événement en Europe qui amènerait une scission entre les deux pays. Mais n'envisageant pour le moment que le passé et le présent, on ne peut point ne pas reconnaître que la Russie s'impose naturellement à la Prusse. En effet, comment celle-ci s'est-elle formée, comment s'est-elle maintenue ou relevée, comment se développe-t-elle aujourd'hui, si ce n'est par l'appui que lui prête la Russie ?

Quant à l'Autriche, ses rapports avec la Russie prennent nécessairement de jour en jour le caractère du plus humble vasselage; c'est la force des choses. La question du panslavisme fort négligée en France, est une grande affaire pour l'Autriche, et à l'aide du sentiment de fraternité slave répandu aujourd'hui dans tout l'Orient, la Russie peut avec un peu de libéralisme ameuter contre Vienne les trois quarts des populations de cet empire. Dès maintenant, il est très-probable que s'il plaisait à la Russie de recevoir dans son sein la Gallicie, ce serait un fait accompli. On a dit que les Slaves de la Hongrie par les mots, *notre empereur,* n'entendent point désigner l'empereur d'Allemagne, le *Kaiser* d'Autriche, mais l'empereur slave, le *czar* de Moscou. On peut même être certain que parmi les Slaves soumis à l'Autriche, il en est peu qui ne préfèrent la domination des Russes à l'odieuse domination des *muets,* des *nemets,* en un mot, des Allemands.

Aussi la Russie tient-elle véritablement dans ses mains les destinées et l'existence même de l'Autriche. Et la docilité du cabinet de Vienne, accablé sous le poids de cette grande fatalité, va jusqu'à sacrifier au cabinet de Saint-Pétersbourg des intérêts autrichiens de premier ordre, par exemple : l'embouchure du Danube à Soulina, laquelle cessant prochainement d'être praticable (on sait pourquoi), coupera la route de Vienne en Orient, et interceptera le commerce de l'Adriatique avec les ports danubiens de Galatz et de Braïla.

C'est ainsi, c'est à ce degré que la Russie se fait écouter de la Prusse et domine l'Autriche ; et c'est pourquoi elle a pu les pousser à cette flagrante violation de droit qui est d'une si grande importance pour elle.

On a donc voulu une fois de plus frapper le droit des gens dans ce qui restait de la Pologne pour préparer paisiblement et de loin de nouveaux projets d'envahissement. La Russie s'est tenue le plus possible dans l'ombre et sur le troisième plan, et elle a pu de là diriger, pour l'accomplissement de cette œuvre de ténèbres, la main débile d'un vieil empire et d'un vieux ministre.

Tel est le caractère de la spoliation commise par les trois cabinets du Nord, tel en est le but. On ne doit pas le perdre de vue.

CHAPITRE II.

LES ÉTATS DU NORD EN PRÉSENCE DE L'OCCIDENT.

Si l'on mesurait la force agressive et la puissance matérielle des trois cabinets du Nord à leur hardiesse singulière, on risquerait de tomber dans d'étranges erreurs. Et ne sachant pas tout ce qu'on peut entreprendre contre eux sans danger, on courrait un autre danger, ce serait de ne pas déployer dans les circonstances présentes toute l'énergie qu'elles exigent. En effet, les moyens d'action des trois puissances, formidables au premier aspect, cessent de l'être dès qu'on veut les analyser et remonter à leur principe. Qui dit Russie, Autriche, Prusse, en se rappelant tous les souvenirs historiques attachés à ces trois pays, qui compte l'étendue de leur territoire, le chiffre de leur population et de leurs armées, qui envisage le succès et la puissance de leur diplomatie en Orient ou en Occident, qui fait tout cela sans rechercher les faits contenus sous ces personnifications imposantes par l'extérieur, peut véritablement se faire illusion. Mais l'erreur n'est plus possible dès qu'on descend au fond des choses, et que l'on examine ce que sont ces territoires, ces populations, ces armées, à quoi se réduisent ces apparences de force et de grandeur, présentes ou passées.

Il est inutile de rappeler les guerres de l'empire, où pour vaincre la France les trois grands États du Nord, après avoir été souvent épargnés par elle, eurent besoin de l'appui des guérillas espagnoles, de l'hiver de Russie, d'invocation à l'esprit de nationalité et de liberté de leurs peuples, enfin et surtout, des subsides et des secours de l'Angleterre.

Les intérêts se sont déplacés au profit de la France depuis cette grande époque, et en dépit de toutes les petites raisons de brouille qui peuvent survenir entre les deux cabinets de l'Occident, une rupture définitive et radicale n'est point une chose vraisemblable. L'Angleterre a besoin de nous autant et plus peut-être que nous n'avons besoin d'elle, et pour le dire en passant, c'est sur ce principe que doit reposer notre alliance avec elle. L'Angleterre a ses difficultés intérieures, sa dette, son Irlande, sa transformation sociale, qui commence ses préoccupations commerciales, l'Amérique, Constantinople, mille raisons de vouloir la paix avec nous, ou la guerre en commun, pour la cause du droit, des principes et des intérêts occidentaux. Le continent peut dans les circonstances actuelles compter peut-être sur la connivence de lord Palmerston, mais pour réussir en Angleterre, cette connivence elle-même sera obligée de se dissimuler, de se cacher même sous des dehors d'opposition. Lord Palmerston n'agira pour la Russie qu'en parlant contre elle, suivant le système qu'on lui reproche d'avoir souvent pratiqué durant sa carrière ministérielle; mais du moment où les choses iraient trop loin, du moment où cette entente secrète, si elle existe, en viendrait à une combinaison ouverte entre le cabinet de Londres et celui de Saint-Pétersbourg, il est probable que ce serait le signal de la chute de lord Palmerston et du cabinet wigh. On n'irait pas même jusqu'où l'on est allé en 1840; car on le sait suffisamment, la position de lord Palmerston dans le cabinet et celle du cabinet dans le pays, n'ont qu'une force précaire et tiennent à des circonstances sur l'instabilité desquelles on peut compter.

Ainsi, en admettant que l'Angleterre méconnaisse ses intérêts évidents au point de se tenir séparée de nous, dans toutes les phases par lesquelles peut passer la question qui nous occupe, il n'est pas à craindre que ce grand pays pousse la maladresse et l'injustice, jusqu'à se mettre, ne fût-ce que diplomatiquement, contre nous. C'est une question personnelle entre lord Palmerston et son parti, entre son parti et le pays, et l'un et l'autre pourraient bien donner tort au ministre, dont la fortune aurait, après cela, bien de la peine à se relever.

Reste donc à étudier le continent, les trois cabinets du Nord abandonnés à leurs propres forces et agissant pour défendre l'acte violent et souverainement impopulaire qu'ils viennent de commettre.

Privées d'appui extérieur, et surtout d'argent (la Russie n'en a point, l'Autriche encore moins, et la Prusse fort peu), ces puissances pourraient-elles au moins compter sur l'élan national qui les servit si bien en 1813 ? Évidemment non. Malgré toute la bonne volonté de la Prusse pour entretenir chez elle et dans les petits États de l'Allemagne les anciens préjugés antifrançais, malgré l'attention qu'elle prend à l'heure qu'il est, à leur montrer la France comme une rivale sans cesse attentive et comme attachée à affaiblir l'Allemagne, par l'appui accordé au Danemark, et dans l'intérêt de notre ambition sur la rive gauche du Rhin, l'Allemagne a aujourd'hui une trop juste connaissance des choses et des instincts trop véritablement libéraux pour s'associer de cœur à la politique de la Prusse dans l'affaire de Cracovie. La nationalité allemande doit être la première à s'attrister de ce grand crime contre les nationalités, et ce serait assurément la chose du monde la plus étrange que l'on pût la passionner pour la défense d'un acte semblable, même en la conjurant au nom de la rive gauche du Rhin.

L'Autriche serait-elle en cela plus heureuse que la Prusse et aurait-elle quelque grand moyen d'intéresser ses populations à l'annexion de Cracovie ?

Sans aucun doute les Allemands de l'Autriche qu'il faut bien distinguer de tous les autres Allemands, ont peu de souci du droit, de Cracovie et de la nationalité. Jaloux de commander comme fonctionnaires ou comme officiers, trente millions d'hommes qui ne sont point de leur race, ce n'est pas l'oppression d'une nationalité qui les indigne. C'est le but même de leur vie, leur unique occupation, l'emploi de leurs bras. Oui, l'Autriche peut trouver un appui certain dans ses fonctionnaires et dans ses officiers allemands contre toutes les nationalités, contre toutes les libertés et tous les droits. Mais restent au-dessous de ce réseau étendu sur la surface de l'empire trente millions d'hommes, Polonais, Bohêmes, Slovaques, Madgiares, Valaques, Illyriens, Italiens, agités par de mystérieuses espérances, et tous prêts à profiter de la faiblesse de leurs maîtres pour se débarrasser d'un joug odieux. Toutes celles de ces peuplades qui sont d'origine slave, sont dominées par l'esprit slave, et si bien, qu'à défaut d'un gouvernement national pour les représenter, elles se tourneraient du côté de la Russie. Toutefois pour les plus intelligentes et les plus honnêtes, la Pologne est le seul espoir, même dans sa ruine ; parce qu'elle seule peut être libérale. Aussi est-elle à leurs yeux comme l'idéal, le type divin, le Christ des nations mis en croix pour eux, mais non encore ressuscité. Et ceux qui envisagent ainsi la Pologne ne se trompent point. En effet, dans ces derniers temps, c'est la passion, ce sont les prédications de ce peuple qui ont rendu aux

Bohêmes, aux Hongrois, aux Illyriens, à l'Italie peut-être le sentiment d'eux-mêmes. Ce sont les poètes polonais qui leur ont enseigné la voie, la vérité et la vie; et c'est seulement de la résurrection de la Pologne qu'ils espèrent leur salut.

Frappées dans leur idéal et dans le principe de la nationalité elles-mêmes par l'événement de Cracovie, les populations hétérogènes de l'Autriche, dans une question européenne, quelle qu'elle soit, et encore beaucoup mieux, dans une affaire de nationalité, ne peuvent prendre parti que contre l'Autriche, contre les cinq à six millions d'hommes qui fournissent à l'administration des fonctionnaires, et à l'armée des officiers. Dans toute occurrence de ce genre, les administrés manqueraient donc aux fonctionnaires, et les soldats aux officiers; la machine brisée, l'empire tomberait en morceaux, et les morceaux ne lui resteraient pas. L'Autriche ne commettra point l'imprudence de s'exposer à de si grands hasards. On y sait qu'il faut périr, mais on veut au moins périr le plus tard possible; les gens habiles ne se suicident jamais.

Il est vrai, la Russie est même moralement plus forte en Europe que la Prusse et l'Autriche. La Russie peut intéresser sa population à une résistance, à une agression même, qui aurait pour but de maintenir sa domination sur la Pologne. Cette puissance, quoique formée d'éléments divers sur toute sa ceinture de frontières, depuis la Finlande jusqu'au Caucase, est cependant au centre homogène, c'est une nationalité, la grande nationalité des Slaves moscovites, nationalité barbare, animée de l'esprit de conquête, et prête à fouler aux pieds toute l'Europe, pour le seul plaisir de conquérir.

Mais par bonheur, cette force que la Russie puise dans son homogénéité et dans sa barbarie, ne peut se développer que dans de certaines conditions, par suite de la faiblesse de son crédit, et encore moins contre la France, par suite de l'éloignement. La Russie est forte sans doute contre la Pologne qu'elle gouverne, contre la Turquie qu'elle menace, et contre l'Autriche qu'elle dirige dans les voies de sa politique. Elle est forte contre la Pologne par l'effet d'une longue domination et d'une administration machiavélique ; elle est forte contre la Turquie et l'Autriche par la propagande du panslavisme qui trouve naturellement de l'écho parmi les populations slaves de ces deux États. S'il prenait fantaisie aux Russes de se présenter sur les frontières des Carpathes comme libérateurs des Bohêmes, des Slovaques, ou sur le Danube comme amis des Bulgares, ils seraient puissants et sans doute victorieux. Si par un raffinement d'habileté, pendant que la Pologne est au tombeau, le czar voulait se présenter comme le vrai Messie des Slaves, ainsi que ses agents le représentent, il serait puissant contre tout l'Orient, et peut-être même un jour contre l'Occident. C'est par cette menace que la Russie est maîtresse de la politique autrichienne. Mais actuellement, dans une question antinationale, antislave, dans une recrudescence d'oppression pour la nationalité polonaise, l'aînée des nationalités slaves, rien de tout cela ne serait possible. Alors, les populations slaves de la Bohême et de la Hongrie se détacheraient de l'Autriche, sans se porter pour cela du côté de la Russie.

La Pologne, aujourd'hui difficilement contenue, deviendrait tout d'un coup une difficulté capable d'occuper, à elle seule, toutes les forces de cette puissance, et les autres nationalités de l'Autriche qui verraient, dans cette conflagration, le moyen de s'affranchir avec la Pologne et comme la Pologne, prendraient les armes pour sa cause qui serait plus que jamais la leur.

La Russie ne l'ignore pas plus que l'Autriche; aussi la première craindra-t-elle, comme la seconde, de se lancer dans cette affaire jusqu'au point où des difficultés de cette nature devraient éclater. Si énergique que puisse être la protestatiou de la France, la Russie ne nous portera pas d'autre défi; il lui aura suffi de diminuer l'autorité du droit, de donner une nouvelle interprétation du protectorat, pour aplanir sa route en Orient. Elle n'a pas eu l'intention de pousser plus loin, quant à présent, sachant bien tout ce qui peut lui en coûter. Et rien ne pourrait lui être plus funeste aujourd'hui qu'une guerre contre l'Europe et contre le principe de la nationalité.

Voilà donc quelles sont les trois puissances contre lesquelles nous avons à défendre le respect du droit public et la Pologne. Cette simple esquisse suffit pour montrer que l'on peut compter sur leur

impuissance à rien entreprendre contre l'Occident,
s'il sait parler haut et être ferme.

CHAPITRE III.

LA FRANCE ET L'ANGLETERRE.

Il est vrai, l'entente cordiale a été brisée, pour
un moment, par suite de cette lutte d'influence
qui, depuis l'époque de l'Empire, divise les deux
cabinets en Espagne. Dans tous les temps, ce serait
une situation fâcheuse, aujourd'hui c'est une ca-
lamité européenne.

En effet, bien qu'il y ait eu là un succès pour
nous, le gain le plus clair est pour une troisième
puissance, dont les progrès menacent tout l'Orient.

La politique de la Russie n'est pas nouvelle, et
il est difficile qu'on s'y trompe. La rivalité des deux
grands États de l'Occident est le plus sûr de tous
ses moyens d'action. Voici donc la question telle
qu'elle doit être posée.

S'il est des esprits pour qui l'agrandissement
territorial de la Russie soit une souveraine injustice et un grand danger; s'il en est qui voient dans
la ruine accomplie de la Pologne un événement des
plus regrettables, dans la ruine projetée de l'Orient
un malheur encore plus grand, tous ceux-là doivent réfléchir profondément sur la rivalité des deux

2

puissances constitutionnelles, et les avertir hautement des maux auxquels, par leurs déplorables con-
testations, elles exposent le monde et la civilisation.

On le sait, l'idée de l'alliance anglo-française
repose sur l'intérêt des principes. Si la politique
n'est pas opposée naturellement à la morale, c'est
aussi de l'intérêt des principes qu'il faut partir. Oui,
les faits moraux constituent le fond même des rapports des peuples. L'intérêt des principes a tenu
plus de place dans l'histoire des temps passés qu'on
ne semble le croire ordinairement, et la gloire des
temps modernes est de tendre à systématiser ces
alliances véritablement morales qui n'étaient autrefois que des accidents.

Un ancien l'a dit : « Mieux vaudrait avoir pour
ennemis tous les États populaires que tous les autres pour amis; » et au milieu de la confusion diplomatique par laquelle le siècle dernier a fini, le
but de notre pays a toujours été l'alliance des principes. D'ailleurs, à quoi bon en attester l'histoire
quand, sous nos yeux mêmes, la Russie, contre laquelle nous avons à nous défendre, pratique si bien
cette politique, la plus simple de toutes? En effet, où
va-t-elle chercher ses alliances, si ce n'est dans les
gouvernements absolus? et que ne fait-elle pas
pour les immobiliser dans cette misérable condition du despotisme pour être plus sûre de leur con-
cours? Avant de reposer sur la solidarité des intérêts matériels, son alliance avec la Prusse et
l'Autriche ne repose-t-elle pas sur la solidarité des
principes?

Cette sainte-alliance, ou plutôt cette diabolique alliance, fondée en haine de la justice internationale et du progrès constitutionnel des peuples, nous montre d'une manière saisissante, la convenance des alliances de principes. C'est le premier des intérêts.

Il faut donc une sainte-alliance des gouvernements constitutionnels dans l'intérêt des principes constitutionnels. Pour la rendre nécessaire, il suffit qu'il existe encore une sainte-alliance des gouvernements absolus, aussi étroite que menaçante.

Mais, s'il y a dans la question en litige un intérêt de principes, il y a aussi un intérêt d'intérêt pareil pour l'Angleterre et pour la France ; en un mot, il y a un intérêt territorial.

L'Orient est menacé par la Russie : ce n'est point un fait nouveau ; la Russie veut Constantinople, personne ne l'ignore ; et elle y arrivera, pas à pas, par-dessus les ruines de la Pologne. La Pologne était l'obstacle de la Russie à l'ouest et au midi ; c'était le rempart de l'empire ottoman : ce rempart n'existe plus, le chemin de Constantinople est ouvert.

Dans ces derniers temps, la France et l'Angleterre, réunies à Constantinople, avaient par leurs conseils sagement combinés rendu quelque force à l'empire, et leur protectorat officieux semblait lui tenir lieu de l'appui ruiné de la Pologne.

Séparées, les deux puissances livrent la Turquie d'Europe à la convoitise de la Russie. Les quatre provinces immenses qui sont sur sa route : la Moldavie, la Valachie, la Bulgarie, la Roumélie, peut-être même la Servie, succombent naturellement avec Constantinople.

L'Autriche qui, en 1827, était assez forte pour se séparer de la Russie dans une question de démembrement, la question grecque, ne le serait plus assez aujourd'hui pour défendre les Turcs. Qu'arriverait-il donc si la Russie marchait sur Constantinople? C'est qu'elle forcerait l'Autriche à prendre la Bosnie pour arrondir ses provinces slaves du sud, en attendant le jour inévitable de sa dissolution.

Quant à la Prusse, on l'aiderait à s'approcher de la mer du Nord, aux dépens du Danemark, aujourd'hui près de se dissoudre.

Quelle serait la part de la France, quelle serait celle de l'Angleterre?

Certes, nous ne trouverons ni les uns ni les autres, sur aucun point du monde, de compensation qui vaille la conquête d'un territoire aussi riche que peut le devenir celui de la Turquie d'Europe, avec ses populations chrétiennes, avides de civilisation. Et pour nous en particulier, la Pologne et la Turquie seront toujours des barrières beaucoup plus sûres, des frontières beaucoup plus fortes que le Rhin et les Alpes.

Sans nul doute, quiconque voit une communauté d'intérêt possible entre l'Angleterre et la Russie, entre la France et la Russie, n'a pas la connaissance exacte des situations, et ne se représente pas bien tout ce que la conquête de l'empire ottoman peut, dans le présent et surtout dans l'avenir, donner de force à une puissance intelligente. Ce serait un déplacement complet de l'équilibre européen.

Ainsi l'opposition commune de la France et de l'Angleterre à la politique de la Russie est commandée par les intérêts matériels des deux pays, comme par l'intérêt des principes ; et, pour être bonne et suffisante, elle doit être systématique.

La pensée et l'intérêt russes sont nécessairement hostiles à la pensée et à l'intérêt anglo-français, partout et spécialement sur le Danube, la mer Noire et le Bosphore. Nous ne pouvons mettre à l'abri du danger le Danube, Constantinople, les principes et les intérêts occidentaux, que par une résistance vigilante, commune, et par une recherche attentive et faite en commun de tous les moyens d'action qui peuvent nous servir contre la Russie, et principalement par la Turquie et la Pologne.

En vérité, quand on compare cette grande lutte qui se livre entre la Russie, avec les deux États qu'elle a su enchaîner à sa politique d'une part, et la France, avec l'Angleterre de l'autre, quand on compare cet immense et vivante question des principes et de l'équilibre européen à cette mesquine rivalité des influences en Espagne, on ne sait comment expliquer que chacun n'en rougisse pas. En présence de l'attentat de Cracovie, on ne comprend pas qu'il puisse se trouver un ministre, un cabinet ou un parti, qui ne place cet événement au-dessus de toutes les considérations. Quoi ! une question passagère devra jusqu'au bout dominer l'immense question de l'avenir ! Quoi ! il y a un moyen de protéger l'Europe contre des périls certains ; il y a un moyen d'accomplir un acte exemplaire, de faire quelque chose d'historique, quelque chose qui, en préservant notre postérité des difficultés immenses, réchaufferait d'une noble façon les générations d'aujourd'hui ! Il y a un ennemi audacieux, un ennemi commun à terrasser par une simple parole, si on veut la dire ensemble, au plus par une simple démonstration, si l'on consent à la faire en commun ; on peut d'un seul coup sauver la justice et sauver l'Europe d'une nouvelle invasion des barbares, et l'on préfère se livrer à une vaine dispute de procédés, dans une question de simple influence diplomatique ! Tant pis pour ceux qui ont commencé cette querelle et qui la continuent. C'est un mauvais jeu qu'ils jouent là. Quelques-uns disent, de l'autre côté du détroit, que c'est un jeu pervers. Au moins est-il certain que, pour les deux pays, c'est un jeu de dupes.

CHAPITRE IV.

LA RUSSIE.

Matériellement, comme on l'a dit plus haut, la Russie ne peut rien dans le présent contre la France, et cependant, il ne faut pas se le dissimuler, elle peut devenir redoutable dans un avenir prochain. Quel est le lien entre l'avenir et le présent, et pourquoi cette distinction ?

La condition de la Russie est des plus remarquables. Beaucoup en parlent et très-peu la comprennent. La force actuelle de la Russie est une force qu'on appellerait morale, si ce mot, appliqué à cette puissance, ne semblait un contre-sens. La Russie est habile, les pays qui l'environnent sont en décadence, ou près de se dissoudre, nous sommes ignorants et indifférents : voilà la force de la Russie.

On se plaît d'ordinaire à voir en elle la personnification elle-même de la force brutale. Elle est avant tout la personnification de l'intelligence machiavélique : c'est le secret de ses accroissements.

Non, jamais on ne fit un emploi plus blâmable et en même temps plus adroit des dons de l'esprit. Jamais volonté plus tortueuse, plus persévérante et plus hardie ne fut au service d'une plus grande pénétration. Jamais enfin aucun État n'eut au plus haut degré ce que l'on peut appeler le mauvais génie diplomatique.

La Russie est nouvelle dans le monde, elle ne date guère que d'un siècle, mais elle a fait une rapide fortune : par quels moyens ? Ce n'a pas été par de glorieux succès, par la force victorieuse, mais par la ruse et l'art consommé avec lequel elle a su diviser les Polonais, pour intervenir chez eux; pousser quelques Suédois à la trahison, pour acquérir la Finlande; tromper la Crimée pour s'emparer de ce pays, en pleine paix; agiter les chrétiens de la Turquie contre les Turcs, pour affaiblir l'empire ottoman, de façon à l'envahir un jour avec un plein succès.

Une grande époque de troubles est survenue en Europe. En s'emparant du rôle de médiatrice auquel les événements l'ont plus d'une fois appelée, la Russie a trouvé place pour son savoir-faire, et nous avons appris à nos dépens, que si elle a remporté peu de batailles, elle a compté plus d'une victoire diplomatique.

Le congrès de Vienne, et ceux qui l'ont suivi, ont été pour elle la source de nouvelles prospérités. Car le terrain diplomatique est celui où elle se complaît et se sent à son aise. C'est là qu'elle trouve le moyen de diviser les deux cabinets de l'Occident, dont l'union intelligente et sincère serait pour elle un invincible obstacle et de profiter de leur division, quand elle n'a pas su la créer. En même temps, elle enchaîne à son alliance la Prusse et l'Autriche, par la solidarité des intérêts. A la faveur de notre ignorance, elle sème les guerres religieuses, sociales ou politiques en Orient; elle y pousse à la sédition; elle réveille des haines assoupies, afin d'énerver l'autorité, d'amener la dissolution, avant de procéder au démembrement de l'empire.

C'est ainsi que du fond de ses steppes désertes, la Russie fait travailler à son profit l'Europe elle-même. Et si l'on ne veut pas aller jusqu'au point de lui supposer une habileté aussi consommée, une influence aussi étendue, au moins faut-il reconnaître qu'elle possède une habileté assez grande, une influence assez forte pour tirer les avantages les plus considérables des rivalités nées de la marche naturelle des choses, et de révolutions causées par l'enchaînement logique des effets et des causes.

Cela étant ainsi, la Russie se trouve admirablement servie par la question d'Espagne, qui est le grand champ de bataille de la rivalité anglo-française; par la question du démembrement de la Pologne, qui attache à sa cause l'Autriche et la Prusse, ses complices; enfin par les questions de religion et de race, qui sont des ferments perpétuels de revolution en Orient.

Tels sont les vastes détours que suit la politique de la Russie, et toute notion de droit public étant corrompue en Europe, l'opinion laisse cette puissance s'avancer tranquillement à l'ouest et au midi, sans lui opposer de barrières.

Le danger est lointain, dit-on, c'est le droit seul qui périt. La ruine de la Pologne s'achève, il est vrai, mais ce n'est pas une nouveauté; la Turquie se démembre pièce à pièce, cependant Constantinople est encore debout. Faut-il tirer l'épée et compromettre les intérêts du pays pour le simple intérêt du droit, ou pour l'intérêt d'une nation qui n'a pas su se défendre, et d'un empire qui ne saura peut-être pas se maintenir? Ainsi l'on raisonne, et on ne saurait, en vérité, raisonner plus mal.

En effet, et en laissant même de côté la question

de droit comme insignifiante, on ne voit pas assez tout le danger que la Russie fait courir à l'Europe, sinon aujourd'hui, au moins dans un avenir que l'on peut prévoir.

Supposons que la Russie n'ait pas même dans le présent cette puissance qu'on vient de lui accorder sur le terrain diplomatique ; supposons qu'aujourd'hui elle ne puisse rien, ni contre la Turquie, ni contre l'Allemagne, ni contre la Prusse et l'Autriche ; encore faut-il reconnaître que, vue dans l'avenir, elle offre un aspect bien différent. Et l'on ne saurait trop méditer sur la puissance matérielle que les événements peuvent un jour, par notre négligence, mettre au service de ses plans.

La Russie couvre aujourd'hui un territoire immense ; sa population s'élève à peu près à soixante millions d'hommes. Avec soixante millions d'hommes disséminés sur un sol si vaste, sans de grandes ressources financières, on ne possède, à vrai dire, de la grandeur, que l'apparence. On peut être invincible chez soi, à l'abri contre toutes les attaques, mais on n'est point encore en force pour renverser l'équilibre européen.

Si, en même temps, sous cette apparence de grandeur fermentent des éléments de conflagration qui, au premier événement, pourraient mettre en danger une partie de l'édifice, on peut difficilement se lancer dans de grandes entreprises.

Il suffit que dans l'un ou l'autre des deux grands pays de l'Occident une intelligence élevée, douée d'une volonté hardie arrive au pouvoir, pour retarder de bien des années le jour de ces triomphes que l'on caresse à Saint-Pétersbourg avec tant d'ardeur et néanmoins de patience.

Mais si l'Europe, continuant d'être ignorante et indifférente, abandonne trop longtemps à la Russie cette infortunée victime dont on pourrait lui faire un ennemi; si, pour parler clair, on lui donne le temps d'épuiser et d'absorber la Pologne, le génie lui-même pourrait-il atteindre cette puissance, par delà ce réseau stratégique de la Pologne, regardé par les hommes de l'art comme une des plus fortes barrières en Europe? Qu'arriverait-il alors que la Russie, sous l'abri de ces inexpugnables remparts des Carpathes, aurait toute la sécurité désirable pour développer tant d'éléments d'une richesse assurée? Sa population, qui n'est aujourd'hui que de soixante millions, s'accroît d'un million chaque année; son sol, encore inculte sur beaucoup de points, est, dans de certaines parties, d'une fécondité admirable et susceptible de produire en abondance la plupart des matières premières de l'industrie européenne. On peut dire, sans exagérer, que, si le cours des choses ne se modifie pas, la Russie, dans trente ans, possédera, nécessairement et fatalement, une population de cent millions d'hommes sur le sol le plus riche de l'Europe.

Le jour où la Russie sentira que la Pologne a exhalé son dernier souffle, qui arrêtera donc ses pas vers le midi?

Or, la Moldavie et la Valachie contiennent cinq millions d'hommes et peuvent en nourrir vingt. La

Bulgarie en contient six et peut en nourrir vingt-cinq, la Servie en contient un et peut en nourrir quatre. A quoi bon calculer combien la Roumélie et Constantinople peuvent en nourrir, et qui ne voit combien ces conquêtes rendraient facile et nécessaire la conquête de la Bosnie, de l'Albanie et de tous les pays des Slaves turcs jusqu'à la Grèce septentrionale, à moins pourtant que l'Autriche étant encore debout, la Russie ne trouvât convenable et politique de la gratifier de la Bosnie comme elle vient de faire pour Cracovie? Mais alors ce serait une sanglante ironie, et la Russie, maîtresse de Constantinople et des Slaves turcs, n'aurait qu'un mot à dire pour que les Slaves du midi de l'Autriche fussent à ses ordres, prêts à détruire de leurs propres mains l'Autriche elle-même.

Si l'on calcule l'avenir de la Russie sur la probabilité de la prise de Constantinople, ce n'est donc pas une population de cent millions seulement qu'il faut lui attribuer dans un quart de siècle. Le sol qu'elle aura ainsi conquis, surtout celui de la Moldavie, de la Valachie et de la Bulgarie est de la plus rare fécondité; en temps de paix leurs populations ne se développent pas moins rapidement que les populations russes. Oui, nécessairement, les proportions de la Russie seront effrayantes, dans un avenir peu éloigné, si la Pologne ne se relève pas et si l'empire ottoman succombe.

Dès aujourd'hui, elle bat l'Europe entière sur le terrain de la diplomatie; elle tient la Prusse et l'Autriche dans les voies de sa politique. Par une rivalité déplorable elle paralyse l'effort, les bonnes intentions de la France et de l'Angleterre en faveur de la Pologne. Si ce pays enchaîné, terrassé, épuisé, finit par perdre sa vie nationale, son regret de l'indépendance, sa religion, son âme polonaise, la Russie n'a plus qu'à tout vouloir, pour pouvoir tout en Orient. Riche, peuplée, inattaquable, elle peut encore se faire agressive ; elle peut prochainement jeter dans l'équilibre de l'Europe, par le poids de son immense population barbare, les perturbations les plus graves, et arrêter pour bien des années la civilisation du monde.

CHAPITRE V.

LA POLOGNE ET LA TURQUIE.

Il n'est point de lien plus naturel que celui qui unit le droit et l'intérêt de la Pologne au droit et à l'intérêt de la Turquie. La cause de ces deux pays est la même et les situations se ressemblent par plus d'un côté. La Russie a détruit la Pologne en créant dans son sein des divisions et des factions ; c'est par le même moyen qu'elle a entamé la Turquie, en semant d'un bout de l'empire à l'autre l'esprit d'insurrection, et en se faisant protectrice pour mieux opprimer. Il n'y a de différence qu'en un point, la ruine des uns s'achève, tandis que celle des autres commence.

Toutefois, et nous avons hâte de le dire, la Pologne n'est pas épuisée et la Turquie n'est pas vaincue.

Voilà le recours qui nous reste contre les dangers que les agrandissements de la Russie font courir à l'Europe : c'est une question de temps ; le temps presse, il est vrai, mais il n'est point encore passé, ni pour la Turquie ni pour la Pologne.

Évidemment, la Pologne a bien souffert depuis le premier partage. Il ne s'agit pas seulement du sang qu'elle a versé, de sa prospérité matérielle, de son agriculture et de son industrie paralysées, ni de son unité détruite, de ses membres épars, de toutes les plaies que la conquête brutale et à dessein destructive lui a faites. Il s'agit aussi des atteintes portées à son caractère national par le découragement, le désespoir, et de cet affaiblissement des volontés que finissent par produire une longue habitude du malheur et les coups redoublés de la mauvaise fortune.

Cependant, en dépit de toutes ces souffrances, la Pologne n'est pas dénationalisée ; elle n'a perdu ni toute sa force matérielle, ni le sentiment de son droit, ni le souvenir et le regret de son indépendance, ni sa langue, ni sa foi religieuse, ni sa foi politique. En deux mots, la Pologne est encore une nationalité et peut redevenir une puissance.

Toutes les populations qui ont autrefois fait partie de ce royaume, depuis Dantzig et Riga sur la Baltique, jusqu'aux embouchures du Dniester et du Dnieper sur la mer Noire, sont restées unies dans une pensée commune, et seraient encore prêtes aujourd'hui à former un même corps politique, qui ne comprendrait pas moins de vingt-cinq millions d'âmes, et s'appuierait sur deux mers. L'argent et les hommes que la Russie en tire sont un des meilleurs revenus de son trésor et de son armée.

Qu'une insurrection sérieuse éclate, qu'elle soit conçue avec ensemble, qu'elle ait un caractère national, qu'elle adopte un système politique qui assure l'ordre, la fermeté et la durée, qu'elle suive un système militaire propre à ces sortes d'entreprises, c'est-à-dire le système qui a sauvé l'Espagne, et plus récemment la Grèce et la Servie, la guerre de partisans, toutes les populations sont bientôt sur pied, et protégées par les montagnes et par les forêts admirablement propres à cette lutte de surprises, contre laquelle les grandes armées s'usent et s'épuisent, elles peuvent reprendre contre la Russie les avantages qu'elles ont perdus tant de fois, par manque d'entente ou par la grande guerre.

De Dantzig à Odessa, de la Gallicie jusque chez les Cosaques, les montagnes et les forêts enfanteront par centaines de mille des hommes prêts à mourir pour l'indépendance de l'ancienne Pologne.

Si l'on s'étonne qu'avec de semblables dispositions, toute la Pologne ne se soit pas soulevée récemment, lorsque le signal fut donné dans la Gallicie elle-même, il sera facile de répondre. Qui ne sait aujourd'hui que l'insurrection de la Gallicie n'était qu'une tentative mal conçue, dirigée par des hommes peu instruits des vrais moyens d'action, sans influence, sans autorité sur le pays, préoccupés surtout de faire les affaires d'un parti, non celles de la nation? Qui ne voit également que cette méprise des paysans galliciens, effroyable, inattendue, cet égarement de la multitude déchirant elle-même, à prix d'argent, le cœur de la patrie, a refroidi toutes les généreuses ardeurs et retenu les plus impatients courages? Quelques jours de sagesse et d'union de plus, qui peut dire jusqu'où aurait gagné l'enthousiasme qui du fond des Carpathes était déjà arrivé jusqu'à nous?

Il est vrai, ce ne serait pas tout d'être assez fort pour reconquérir le territoire national dans son intégrité, il faudrait encore être capable de l'organiser et de le gouverner. Par malheur les Polonais, dans le passé, ne nous ont guère donné de preuves de leur capacité gouvernementale. Braves comme les plus braves, ils sont aussi rebelles à la discipline comme les plus indisciplinés, et la liberté, telle qu'ils l'ont trop longtemps comprise, a toujours été incompatible avec tout pouvoir public.

Mais on peut le croire, ils ont profité des leçons que l'adversité leur a données à cet égard et des enseignements de l'exil lui-même, de l'exemple des deux pays dont ils sont depuis quinze ans les hôtes. Ils ont assisté à ce beau spectacle de l'Angleterre accomplissant de progrès en progrès, par le jeu régulier de ses institutions politiques, la transformation pacifique d'une législation vieille de plusieurs siècles, et au spectacle encore plus grand de la France gouvernant aujourd'hui avec le pouvoir le plus respecté, la plus libre de toutes les sociétés.

Force morale et force matérielle, esprit de nationalité et sentiment de son droit, bravoure innée et sagesse acquise, tout cela reste encore à la Pologne, et c'est pourquoi on peut être sûr que la vie ne s'est point encore retirée de ses veines.

Non, ce n'est pas à la génération qui a vu la résurrection de la Grèce, dix fois moins peuplée que la Pologne, asservie depuis des siècles, accablée par la misère, ignorante; ce n'est pas à cette génération que l'on persuadera que la Pologne, après une défaite encore récente, avec le souvenir encore présent de son indépendance, une intelligence active et féconde, soit condamnée à une servitude sans espoir.

Assurément les Russes sont des dominateurs intelligents, habiles à épuiser promptement leurs victimes; mais le fait n'est pas accompli. Oui, le temps presse, mais il n'est point passé.

Ainsi en est-il de la Turquie. Combien de fois, depuis vingt-cinq ans, n'a-t-on pas prédit la ruine de l'empire ottoman ! sa condition semblait désespérée. Vainement, le sultan Mahmoud avait pris à cœur la cause de la réforme, et ouvert la voie aux innovations en exterminant les Janissaires. Ses bonnes intentions semblaient retomber comme une malédiction sur lui-même, et cet acte hardi put être un instant regardé comme le suicide de l'empire. En effet, du fond de la Moldavie jusqu'à la Morée, de la mer Noire à l'Adriatique, on vit bientôt l'esprit de race, excité par les Russes, réveiller l'esprit de révolte plus menaçant que jamais, et pousser la Grèce comme auparavant les Serbes à une guerre d'indépendance dont l'Europe se chargea d'assurer le succès. Puis vint la guerre étrangère, si souvent et si fort à propos renouvelée entre la Russie et la Porte depuis Catherine II, enfin la séparation de l'Égypte et la division de l'islamisme contre lui-même.

Mahmoud mourut à la peine, et le sabre d'Ottoman passa aux mains d'un enfant.

Cependant, après de si rudes épreuves, la Turquie a trompé toutes les sinistres prédictions, elle a duré en dépit de tant d'intérêts conjurés pour sa perte, et c'est beaucoup, c'est le signe irrécusable de sa vitalité.

Voici ce qui est résulté dans les dernières années d'une politique plus conciliante et du rétablissement de l'ordre. L'hostilité des populations chrétiennes du Danube, sur laquelle comptaient surtout les partisans intéressés d'un partage, s'est affaiblie, a disparu, a cédé même à des relations cordiales avec le divan. Les Moldo-Valaques, comprenant bien que la Russie ne les a autrefois aidés à reconquérir leur indépendance que pour les dominer, les dépouiller, les attirer à elle, les incorporer même, se sont tournés du côté de Constantinople avec des bras suppliants. Autrefois, rien ne leur était plus odieux que les Turcs; aujourd'hui, il y a dans les deux principautés un parti turc qui cherche à se concerter avec les Turcs pour le bien du pays, pour l'intérêt général de l'empire, et c'est le parti libéral. La principauté de Servie en est arrivée au même point depuis l'avénement d'une dynastie nouvelle et vraiment nationale au trône princier. Les Serbes ont compris que la Russie ne les protégeait que pour les affaiblir, et avait chez eux une sorte de pied-à-terre, une entrée dans l'empire. Les Serbes vivent aujourd'hui fraternellement avec les Turcs dans les villes où ceux-ci habitent à côté d'eux, et le gouvernement serbe ne cache pas ses vœux pour l'intégrité de l'empire. Les Bulgares, travaillés davantage par la propagande russe, lancés plusieurs fois par elle dans des insurrections insensées, reviennent eux-mêmes à des sentiments plus pacifiques. Et quant aux Bosniaques et aux Albanais, ils sont aujourd'hui fort calmes, et se prêtent volontiers aux projets d'organisation qui respectent leurs priviléges locaux. Voilà ce qui est arrivé contre toute attente, et c'est là un grand sujet d'espérance. La paix et une certaine concorde revenue au sein de l'empire, l'esprit de révolte étouffé, la bonne disposition des principautés du Danube, leur désir de se développer régulièrement, sans chercher dans les hasards, une indépendance qui les mettrait à la merci de puissances voisines. Ce sont des résultats immenses, et qui semblent garantir l'avenir.

Toutefois, cette grande question de l'équilibre

de l'Orient se rattache elle-même à la question de Pologne. Si la nationalité polonaise finissait par se fondre dans la nationalité russe, la Russie y prendrait une force qui lui permettrait, dans un prochain avenir, de disposer de toutes ses forces pour entraver le retour à la concorde qui s'accomplit dans l'empire turc.

L'éventualité d'une insurrection polonaise est le seul fait qui empêche la Russie de marcher plus vite à son but. C'est pour cela qu'elle se borne à combattre la Turquie par des moyens indirects, par de fausses interprétations de traités, par la propagande du panslavisme, par tout l'ensemble de ruses diplomatiques qui sont à son usage.

Mais le jour où la Pologne cesserait d'être un obstacle, ces éléments de force que la Turquie possède encore seraient promptement étouffés dans leur germe, et la Russie, accrue en population et en richesse dans des proportions colossales, serait seule maîtresse invincible de tout l'Orient.

Tout cet avenir dépendra donc de la politique que les cabinets de l'Occident sont dès maintenant appelés à suivre, notamment en Orient.

CHAPITRE VI.

CONCLUSION.

Sans trop s'en rendre raison, on est convenu de considérer l'Europe comme partagée en deux camps, où d'un côté se trouvent les trois États du Nord, de l'autre, deux puissances de l'Occident. Le fait accepté, chacun s'efforce de l'expliquer à sa manière ; mais aucune explication n'est satisfaisante, car elles présentent toutes des contradictions continuelles.

Nous croyons que le triumvirat du Nord, ayant pour base la force brutale, a été fondé et se soutient par le démembrement, par la destruction de la Pologne, et que, par suite, l'alliance de l'Occident ne peut avoir d'autre base que le droit, et se soutenir qu'autant qu'elle a pour but la conservation des États existants, et notamment de la Turquie.

L'histoire est là pour prouver que cette explication n'est point un paradoxe. En effet, depuis le partage de la Pologne, les trois États du Nord, de jaloux les uns des autres, sont devenus solidaires de tous leurs mouvements. Mais, comme il arrive toujours que, dans une semblable combinaison, les associés les plus faibles finissent par passer à l'état de satellites, l'Autriche et la Prusse surtout, sont obligées de suivre servilement la Russie, aux dépens même de leur intérêt. Il ne serait pas difficile d'en fournir des preuves ; et, sans aller les chercher très-loin, on pourrait alléguer l'explication que le cabinet de Vienne a donnée récemment de *la nécessité* où il s'est trouvé d'incorporer Cracovie à la monarchie autrichienne. C'est ainsi que, malgré les efforts de l'Europe moderne, et surtout de la France, qui, pendant des siècles, a combattu d'abord la prédominance de la maison d'Espagne, ensuite celle de la maison d'Autriche, une nouvelle domination, qui de plus en plus menace de devenir universelle, s'est constituée au profit de l'absolutisme et de la barbarie.

Le droit, le sentiment de la justice tel qu'on le comprend aujourd'hui, date de peu d'années, et il n'en pouvait être autrement, car la lumière devait le précéder. Or, celle-ci ne peut se répandre, ne peut pénétrer dans les masses que du haut des tribunes nationales. Plus elles se multiplieront, plus les peuples seront éclairés, et plus, on peut en être certain, le sentiment du droit et de la justice guidera les nations. Aussi, c'est à une récente époque que remonte l'alliance anglo-française, telle que l'Europe est habituée à la considérer, en opposition à l'alliance du Nord. Aussi, du moment où nous la voyons apparaître, elle n'agit que pour protéger le droit, sauver l'existence menacée des États ou des nationalités. Et ici se présente aussitôt la protection plus ou moins efficace donnée par l'Occident à la Pologne et à la Turquie.

Puisque le nœud de l'alliance du Nord est la violation du droit, et notamment la destruction de la ·

Pologne et de la Turquie, c'est sur le terrain de la question polonaise et de la question turque qu'il faut chercher à combattre cette alliance. On peut le faire avec d'autant plus d'espoir de succès que les intérêts de l'Autriche, et surtout ceux de la Prusse, sont visiblement lésés par la prépondérance de la Russie. De l'autre côté, le respect du droit étant la base de l'alliance anglo-française, et son application immédiate, la conservation de la Turquie et de la nationalité polonaise, ce n'est qu'à cette condition que cette alliance peut exister.

Pour faire comprendre toute notre pensée, nous dirons que la destruction de la nationalité polonaise est pour l'alliance du Nord une action défensive contre l'alliance de l'Occident, tandis que la destruction de la Turquie est une action offensive. Par suite, la conservation de la Turquie est pour l'alliance de l'Occident, contre celle du Nord, une action défensive, la conservation de la nationalité polonaise, une action offensive. Il résulte de là, qu'il est beaucoup plus facile aux États du Nord de détruire la Pologne, que de détruire la Turquie, et qu'il est beaucoup plus facile aux puissances de l'Occident de conserver la Turquie que la Pologne. On doit pour celle-ci se borner à la défendre par des moyens diplomatiques, en tâchant d'éclairer la Prusse et l'Allemagne sur leurs véritables intérêts. Mais, pour ce qui est de la Turquie, il faut agir avec énergie et vigueur, et combattre l'alliance du Nord corps à corps.

L'attentat commis par les trois cours du Nord,

contre l'État indépendant de Cracovie, a été la preuve patente et, pour ainsi dire, matérielle de l'existence en Europe de ces deux alliances, de celle du Nord et de celle de l'Occident, nécessairement hostiles entre elles. L'agression est venue du Nord, car il agissait contre la nationalité polonaise, où il a une position plus avantageuse. L'Occident a été passif, il a protesté par les discours du trône, par l'organe de ses deux gouvernements, par les mâles accents de ses deux tribunes. Ces protestations suffisent pour mettre à couvert l'honneur des deux grandes nations qu'on a voulu insulter : mais elles ne résolvent pas la question politique. En effet, toute protestation prouve qu'une insulte a été tentée, sinon faite réellement. Or, des insultes répétées, qui ne seraient repoussées que par des protestations, ne finiraient-elles pas par diminuer l'influence morale d'un pays? On peut affirmer qu'aujourd'hui même la Porte ottomane et ses trois principautés vassales sont étonnées, pour ne rien dire de plus, de voir l'Occident ne trouver que des paroles pour répondre à l'acte insolent des trois cours du Nord.

Cela étant ainsi, il est du devoir de la France et de l'Angleterre d'aviser aux moyens qui peuvent les mettre à couvert contre les insultes et les tentatives agressives des cabinets du Nord.

Avant de pousser plus loin l'examen de cette question, on est fondé à demander si le rappel des ambassadeurs français et anglais ne devrait pas être la première mesure à prendre. D'abord, il faut bien le reconnaître, la présence des ambassadeurs n'a servi à rien. La France surtout a pu s'en apercevoir, aussi bien dans l'affaire de Cracovie, que dans celle du mariage du duc de Bordeaux. Et d'ailleurs, là où les traités sont si audacieusement déchirés, où le droit des gens n'obtient que des mépris, évidemment il n'est besoin d'y entretenir que des agents pour le commerce, et non des représentants diplomatiques. D'ailleurs la France en donne l'exemple à Saint-Pétersbourg et à Maroc.

Dans la situation faite à la France et à l'Angleterre par l'alliance des trois cabinets, deux choses sont à faire, c'est d'abord, de connaître d'où l'insulte peut venir, ensuite, de s'armer de moyens suffisants pour la prévenir. La force matérielle ne pouvant rien contre la France ou l'Angleterre, elles ne peuvent être insultées que moralement, c'est-à-dire par une violation du droit, qui forme la base de leur alliance. Ainsi on voit que les puissances de l'Occident peuvent être insultées :

1° Par un acte de violence brutale, comme à Cracovie, ou par une intimidation morale, dirigée contre l'indépendance de l'un des États d'Europe, inférieurs en force.

Après les graves débats de la chambre des Pairs, il nous reste peu à dire sur ces questions. Les petits souverains de l'Allemagne ont peur de nos idées libérales et exploitent contre nous auprès de leurs peuples, les souvenirs de nos anciennes invasions. Le devoir des gouvernements de l'Occident, et surtout du gouvernement français, est d'éclairer les uns et les autres sur leurs véritables intérêts. Le discours prononcé par le roi au nouvel an est un avis salutaire, et il portera ses fruits. Une fois les peuples de l'Allemagne et leurs souverains rassurés sur les desseins de notre politique, qui d'accord avec nos véritables intérêts, nous fait désirer une bonne alliance sur le Rhin et non une conquête, ces peuples et ces souverains, par esprit de conservation, se détacheront de l'alliance du Nord, qui d'ailleurs leur pèse chaque jour davantage.

Notre situation est la même en Italie : elle s'améliore, parce que les souverains commencent à y comprendre que la liberté et le bien-être des peuples, sont les plus sûrs et les seuls appuis des trônes.

Cependant il est en Europe une puissance secondaire qui a signé avec nous les traités de Vienne et que l'attentat de Cracovie n'a pas émue peut-être assez profondément. C'est la Suède. Elle a adressé ses observations aux trois cabinets, mais avec quelle réserve ! On ne peut pas dire qu'elle ait véritablement protesté. Cependant elle aurait un double motif de manifester hautement les sentiments qu'elle doit éprouver. En effet, les traités de Vienne sont d'une part la garantie de son droit à la possession de la Norwége, et de l'autre, ils sont pour la jeune dynastie de Bernadotte un titre de reconnaissance, d'admission parmi les maisons souveraines d'Europe. En déchirant les traités de Vienne on frappe doublement sur ces deux grands intérêts. Que la Suède y songe bien, si elle ne prend pas des garanties suffisantes contre cette violation, les événements pourront un jour l'en faire repentir. On n'ignore pas les relations intimes du prétendant suédois avec la maison d'Autriche, l'on connaît la politique ancienne de la Russie à l'égard des pays scandinaves, et si la vue des immenses casernes d'Aland donne à la Suède l'idée de fortifier Stockholm, que l'absorption d'un État souverain, que la violation la plus inique du traité de Vienne ne la trouve pas moins avisée.

2° Les deux grands gouvernements de l'Occident peuvent être insultés en Pologne : et ils ne sont point ici sans reproche. Ils ont jusqu'ici permis ou laissé faire tout ce qui a été tenté contre cette malheureuse Pologne dont ils avaient pourtant garanti l'existence. Sa charte est abrogée, son armée est détruite, sa religion, sa langue sont menacées : en un mot, la Pologne est une place démantelée où la Russie dresse son camp contre l'Europe. Cependant combien il était facile de prévenir toutes ces violations déplorables ! On en a aujourd'hui la preuve dans la dépêche du 30 décembre dernier, lue à la tribune des Pairs par M. le Ministre des affaires étrangères. Sachons en gré à M. Guizot; il a placé ainsi le nouvel engagement de la Russie sous la sauvegarde des chambres françaises, et au besoin elles s'en souviendront sans doute. La Russie, dans sa dépêche, se défend d'avoir eu l'idée d'annexer la Pologne : elle déclare que c'est là une calomnie répandue à dessein par les émigrés polonais. Pauvre Russie, elle se fait petite, et daigne se justifier ! On n'a cependant qu'à interroger toute la presse allemande qui a parlé de l'annexion de la Pologne : on n'a surtout qu'à demander au *Times* si cette nouvelle lui a été communiquée par les émigrés polonais, ou si elle émanait d'une source plus officielle. Cela n'est douteux pour personne, le projet de l'annexion de la Pologne a existé, il existe dans le cabinet de Saint-Pétersbourg ; il recule aujourd'hui parce qu'il a peur de l'attitude de l'Occident, et aussi parce qu'il n'a pas la certitude d'être appuyé par la Prusse. Voilà la clef de votre politique, nations de l'Occident : parlez hardiment, on vous écoutera, et ce qui est encore plus important, vous dénouerez la fatale alliance du Nord. La Pologne est un corps, vous avez permis que l'on déchirât ses entrailles, mais le cœur bat toujours. Veillez à ce qu'il puisse battre longtemps, pour le salut de l'équilibre européen.

3° La Turquie, autre terrain où nos intérêts sont lésés, et où l'on pourrait nous insulter : elle aussi réclame impérieusement nos soins. Il ne s'agit pas uniquement d'empêcher les actes patents d'agression ; les intrigues, les menées sourdes, la corruption sont tout aussi dangereuses, et peuvent amener des résultats déplorables. On a laissé faire en Pologne, et on se repent des suites de cette insouciance ou de cette couardise. Il est temps encore de sauver la Turquie, seulement il ne faut pas s'endormir, il faut persévérer dans la voie qu'on aura choisie. Dans la question turque, l'union anglo-française est d'autant plus urgente que si ces deux puissances sont divisées, la Russie est là pour tenter la cupidité de l'une d'elles, avec la part qu'elle tient en réserve pour son complice, dans ce nouveau brigandage.

Unies, la France et l'Angleterre doivent donc incessamment surveiller leur ennemie. En éclairant la Turquie, en ménageant une susceptibilité, naturellement grande à cause même de la faiblesse de cet État, on finira par l'arracher aux étreintes de son redoutable oppresseur. Comme l'action de la Russie est politique, il faut la combattre avec les mêmes armes. Il faut que les consuls soient des hommes dignes de représenter, de défendre les intérêts français, capables de combattre, de déjouer les intrigues de la Russie, qui a en Orient ses agents les plus déliés, comme l'Autriche, les plus vils et les plus corrompus. Mais si ces places servent de sinécures, si elles sont destinées à satisfaire la coupable exigence des députés, alors la France aura le dessous; elle sera jouée dans l'interprétation du protectorat des principautés du Danube, comme elle a été jouée dans celui de Cracovie et de la Pologne. Éclairez les Turcs, appuyez le pouvoir partout, car l'anarchie est l'arme du despotisme, l'arme favorite de la Russie. Étendez l'influence française, répandez ses trésors de lumière et de charité.

Le devoir de l'Angleterre n'est pas moins impérieux que celui de la France : si elle y regarde de près, elle verra même qu'elle a essuyé en Orient de plus grands échecs que nous-mêmes. Tandis

que le cabinet britannique s'occupe des faits se-
condaires, et sacrifie notre alliance aux idées per-
sonnelles d'un ministre, les intérêts anglais les plus
graves sont menacés en Orient. Que répondrait le
cabinet si le parlement lui demandait ce qu'est de-
venue, en Perse, l'influence anglaise? Aujourd'hui
la Perse ne pense et n'agit que d'après les inspi-
rations venues de Saint-Pétersbourg. Les troupes
qu'elle rassemble, les menaces qu'elle fait contre
la Turquie y amèneront une intervention russe,
lorsque le czar la jugera profitable. Le ministère
anglais sait-il qu'Enzeli, qu'Astrabad sont occupés
par des garnisons russes; que celles des Persans
n'y sont que *tolérées?* Sait-il qu'à travers le Ghilan
et le Mazanderan, vers Meschid et le Herat, existent
des caravansérails fortifiés en guise d'étapes, mais
uniquement avec une garnison russe? Ce ministère,
si chatouilleux ailleurs, s'est-il rendu compte de la
coalition des différents princes de l'Asie centrale,
où est entré le Hérat, appuyé par la Perse et peut-
être par la garnison d'Astrabad? Un ministère qui
connaîtrait ces faits, et ne s'efforcerait pas d'y re-
médier, serait jugé et condamné par l'opinion. Mais
celui qui l'ignore, doit les étudier soigneusement et
méditer ces réflexions du *Times*, du 13 janvier :
« Ce serait le comble de la folie, et en même temps
une injustice criminelle envers les nations qui ont
des droits à notre appui, que d'abandonner la cause
de l'indépendance et de la liberté. Et si un ministre
anglais ne montrait son ressentiment d'un tort public qui lui aurait été fait par la France, qu'en to-

lérant des empiétements iniques dans d'autres parties de l'Europe, sa connivence à de pareils actes serait aussi vile que s'il les avait lui-même provoqués. »

Mais comme il ne convient pas à de grandes nations comme la France et l'Angleterre d'attendre qu'on les insulte, elles peuvent, elles doivent même prendre des mesures contre une telle éventualité. En 1833 la France, pour répondre à l'insulte du traité d'Unkiar-Skelessi, demanda à l'Angleterre de forcer les Dardanelles. L'Angleterre refusa alors sa coopération ; mais en 1838 elle fit à son tour la même proposition, avec l'assentiment tacite de la Turquie, d'occuper afin en commun un point sur la mer Noire : la France déclina cette offre. Pourquoi, aujourd'hui, ces deux puissances ne mettraient-elles point à exécution un projet déjà deux fois proposé, et que les circonstances rendent beaucoup plus urgent? Un traité dans le genre de celui d'Unkiar-Skelessi, passé entre la Porte et les puissances de l'Occident, serait la seule réponse, la seule protestation digne d'elles, à l'attentat de Cracovie. Et cette fois encore les uns et les autres auraient agi suivant leur principe d'alliance. Ici les cours du Nord détruisent une nation ; là les puissances de l'Occident assureraient l'existence d'un État menacé.

Il est une remarque à faire en terminant : à toutes les mesures proposées contre les cours du Nord, on répond avec effroi et en exagérant leurs forces actuelles. Mais s'il est question des dangers que l'avenir doit amener indubitablement pour la civilisation et la liberté de l'Europe, on en conteste radicalement la possibilité. De ces deux assertions on peut affirmer que la première est l'effet de l'ignorance, l'autre d'une fatuité ridicule : autrement on serait fondé à croire qu'un lâche égoïsme est le mobile de ce jugement, et que dans la crainte de quelque sacrifice présent, on préfère offrir en holocauste à l'avenir les générations entières.

C'est seulement à ceux qui ferment les yeux à l'évidence que les forces des trois cours du Nord peuvent paraître formidables aujourd'hui. S'il est vrai, comme on vient de l'imprimer récemment, que le souverain de la Prusse *recommandait* modestement *l'Allemagne* à lord Aberdeen, et que le prince de Metternich avouait à un autre diplomate anglais que *l'Autriche croulerait au premier coup de canon*, on ne voit pas comment ces deux puissances pourraient être aujourd'hui plus menaçantes qu'elles ne l'étaient alors.

La Prusse, outre une crise financière qui peut aisément devenir une banqueroute; outre une fermentation religieuse, et le besoin irrésistible d'une constitution qui s'est emparé de tous les esprits, est gravement menacée par le communisme. Cette effrayante plaie de la société lui a été pratiquement inoculée par l'Autriche en Gallicie : or, si ce terrible exemple peut faire réfléchir sérieusement même l'Occident, à plus forte raison doit-il préoccuper la Prusse. Pour elle, c'est le : *Jam proximus ardet Ucalegon.*

Que peut-on dire de l'Autriche, si ce n'est qu'elle est aujourd'hui en pleine dissolution ? Il y a quelques années, elle donnait l'exemple des banqueroutes les plus impudentes ; aujourd'hui, d'une jacquerie gouvernementale. L'Autriche sans finances, avec une armée en proie au communisme, l'Autriche ressemble à ces squelettes encore debout, et même dans une attitude menaçante tant qu'ils restent renfermés dans leurs voûtes humides et ténébreuses, mais destinés à tomber en poussière au premier contact de l'air et de la lumière.

La Russie, jusqu'à ce moment, n'a pas déployé ses forces agressives, et elle ne peut le faire qu'après avoir éteint la vie nationale en Pologne. La Pologne vaincue, terrassée, immobilise cependant la Russie, elle neutralise jusqu'au dernier soldat russe. Comment donc cette Russie sans finances, sans armée disponible, pourrait-elle être menaçante pour cet Occident qui a tant d'instruments sous la main pour la bouleverser ?

Tel est le bilan du présent : nous ne nous occuperons plus ici de l'avenir, car l'avenir c'est la Russie, et ce qu'elle sera, si on la laisse faire, nous l'avons dit plus haut.

Nous n'ajouterons plus qu'un mot : la France s'enorgueillit avec raison d'avoir détruit la piraterie, en prenant possession de l'Afrique ; il faut qu'elle ose, tandis qu'il en est temps encore, sauver le continent de la piraterie des trois cours du Nord. Elle en a les moyens : elle ne sera pas seule à la tâche. L'Angleterre l'aidera dans ces nobles efforts ;

et si, par impossible, il arrivait que la France fût seule, aujourd'hui appuyée par toutes les nationalités opprimées ou menacées, elle devrait alors même tenter cette œuvre généreuse, car les chances de succès *sont encore* pour elle.

FIN.

TABLE.

DE L'IMPRIMERIE DE CHAPELLT, RUE DE VAUGIRARD, 9